MW01629770

Pour Romuald.
Longue vie aux poupées
et aux marionnettes d'A. C. !

J.-L. B.

À L'AVENTURE !

Vous êtes Emmanuel, un jeune garçon qui s'apprête à vivre
une fabuleuse aventure… En effet, vos parents ont décidé
de quitter l'Europe pour s'installer en Amérique.

En ce mois d'avril 1912, vous embarquez à bord du *Titan*,
un gigantesque paquebot transatlantique dont c'est la première
traversée. On dit de ce vaisseau que sa conception révolutionnaire
le rend insubmersible ! Les rumeurs les plus folles circulent
à propos du navire, et de nombreux armateurs jalousent
son heureux propriétaire.

Le cœur battant, vous prenez possession de votre suite
avec vos parents, et vous vous faites une joie de participer
à cette croisière de rêve.

Pourtant, sitôt les amarres larguées, l'aventure vous attend :
de dangereux passagers s'apprêtent à saborder le navire.

Il vous faudra mener l'enquête à bord, en prenant garde
de ne pas vous laisser surprendre, ni par vos adversaires,
ni par les membres de l'équipage du *Titan*,
que vos agissements pourraient bien intriguer.

Vous devrez aussi réduire à néant les tentatives des saboteurs.
Mais pour cela, il faut identifier tous les coupables et réunir
assez de preuves pour les confondre.

Souvenez-vous : quoi qu'il arrive, vous ne pouvez revenir en arrière,
à moins que cela ne vous soit expressément indiqué.

Bonne chance !

Texte original : Jean-Luc Bizien
Illustrations : Bruno David
Secrétariat d'édition : Jérémie Salinger
© 2004 Éditions Gründ / www.grund.fr
ISBN : 2-7000-3765-0 / Dépôt légal : mars 2004
PAO : Tifinagh
Photogravure : Dupont Photogravure
Imprimé en Italie par Canale
Loi n° 49-956 du 16 juillet 1949
sur les publications destinées à la jeunesse

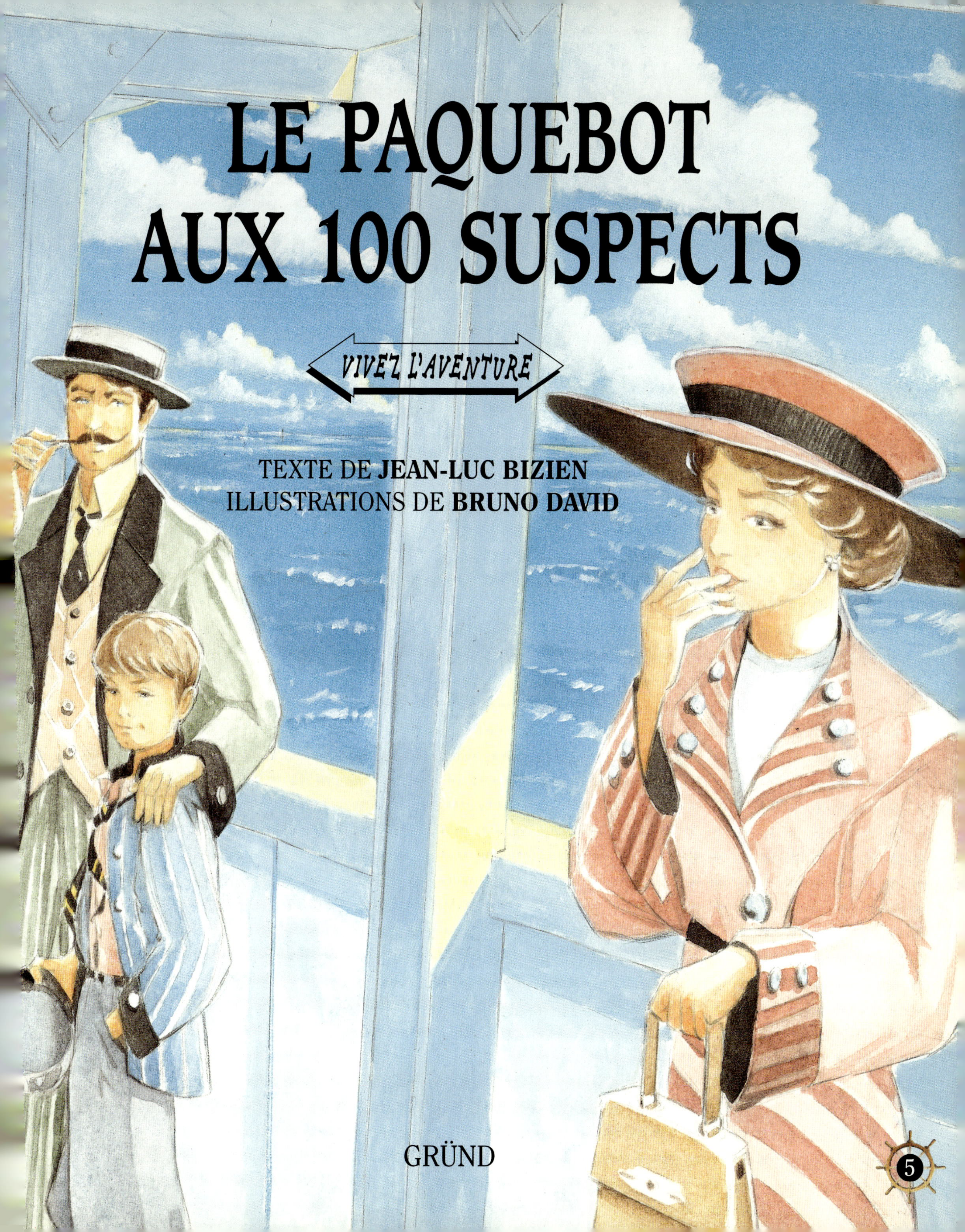

LE PAQUEBOT
AUX 100 SUSPECTS
VIVEZ L'AVENTURE
TEXTE DE JEAN-LUC BIZIEN
ILLUSTRATIONS DE BRUNO DAVID
GRÜND
5

Pour fêter le départ, une grande réception sera donnée ce soir. Alors que vos parents sont restés dans leur suite, où ils se préparent pour le dîner, vous en profitez pour vous promener tout seul sur le pont. Soudain, le vent vous porte les bribes d'une conversation :

– C'est bon ?… chacun son rôle…

– Tout est prêt… attendons… au large… avant l'aube… chance d'en réchapper.

– Les explosifs… en place ?

– Oui… chacun… instructions.

Votre cœur bat à tout rompre : les quatre voix, impossibles à identifier, proviennent de ce hublot entrouvert. Votre découverte est terrible, il vous faut agir au plus vite ! Mais saurez-vous convaincre les adultes ? Comment être certain qu'il s'agit bien de malfaiteurs et pas de plaisantins ?

Qu'allez-vous faire ?

Vous pouvez courir jusqu'à la cabine du pilote pour alerter le commandant de bord.
Il vous suffit pour cela de vous rendre page 22.

Mais si vous préférez avertir vos parents, rendez-vous page 36.

Vous pouvez aussi emprunter cet escalier qui mène au pont supérieur, page 26. Peut-être
en apprendrez-vous davantage ? L'entreprise est risquée, mais le choix vous appartient.

En vous laissant glisser par la bouche d'aération, vous êtes arrivé dans la salle des machines. Il y règne une chaleur infernale et le bruit y est assourdissant. Les hommes qui travaillent ici ont bien trop à faire pour prêter attention aux visiteurs.

Les saboteurs ont profité de la situation pour piéger la salle. Inspectez discrètement les machines. Vous devriez repérer sept charges explosives ; puis cherchez un objet tranchant et sectionnez les câbles électriques les reliant au détonateur. Attention : il faut impérativement couper tous les fils en même temps, afin que les charges encore reliées n'explosent pas. Trouvez le moyen d'y parvenir, la suite de votre aventure en dépend !

Ensuite, vous pouvez aller directement inspecter le pont, page 24, ou bien passer d'abord par la salle de réception, page 10.

Dans la salle de réception, ce surprenant montreur de marionnettes prépare son spectacle. Son assistante est un peu contrariée : elle a éparpillé les personnages et les manettes sur la scène et doit au plus vite les retrouver.

Aidez-la rapidement à rassembler ses figurines, ainsi que les manettes qui leur sont associées. Si vous y parvenez, Romualdo Lapidz vous récompensera en vous offrant un aperçu de son fascinant spectacle.

Ensuite, comptez avec soin tous les éléments utilisés, car leur somme vous indiquera le numéro de la page à rejoindre pour la suite de cette aventure.

A B C D E F
G H I J K
L M N O P
Q R S T U
V W X Y Z
Espace /
Virgule
Stop (fin de message)
Point
Apostrophe

Vous voici à la poupe du navire, où vous découvrez un surprenant capharnaüm.
Les saboteurs sont sans doute venus ici pour une raison bien précise…

Déchiffrez le message codé que l'un d'entre eux a griffonné au bas de la feuille
que vous venez de ramasser, puis assurez-vous qu'aucun détail ne vous a échappé.
Peut-être pourrez-vous formuler d'importantes hypothèses sur les malfaiteurs
et leurs intentions ?

Dès que vous serez prêt, courez page 10.

Tous les suspects sont probablement réunis ici, mais il vous manque
encore des preuves avant de pouvoir confondre les coupables.
Promenez-vous entre les convives, et tâchez d'écouter les
conversations sans éveiller les soupçons.

Près du buffet, Madam Thomson, la femme de l'armateur, trinque avec
Lady Cunningham, tandis que Lord Cunningham converse
aimablement avec vos parents.

Le commandant de bord est en grande discussion avec
Sir Andrew Thomson, le propriétaire du paquebot, et un armateur
concurrent, le richissime Lord Thomas Brown. Ce dernier ne tarit
pas d'éloges à propos du *Titan*.

D'autres convives peuvent également attirer votre attention.
Faites un effort de mémoire, chaque détail a son importance…

Un personnage semble éprouver le plus grand mal à garder son calme :
il s'agit du serveur. Trouvez les raisons de sa nervosité, puis aidez-le
à remettre de l'ordre dans cette pagaille.

Si vous y parvenez, il vous laissera entrer dans les cuisines :
vous les trouverez page 18.

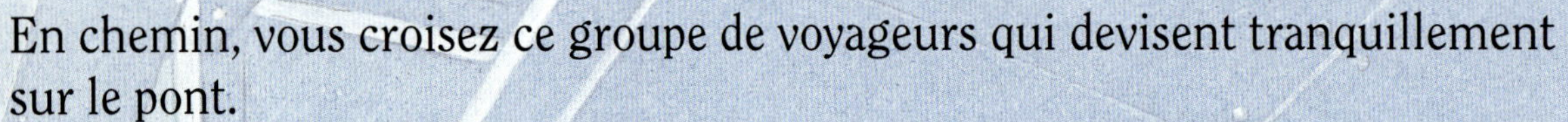

En chemin, vous croisez ce groupe de voyageurs qui devisent tranquillement sur le pont.

Si vous décidez de les alerter, l'un d'entre eux proposera de vous accompagner vers la cabine des saboteurs. Rendez-vous page 26.

Si vous préférez prévenir le commandant de bord, dirigez-vous page 22.

Quoi qu'il en soit, prenez quand même le temps d'inspecter les bouées de sauvetage : elles devraient vous paraître un peu farfelues.

17

À l'approche du dîner de gala, une grande
agitation règne aux cuisines, où les marmitons
exécutent les ordres du chef cuisinier.

Une inspection détaillée des lieux devrait vous permettre de repérer
les trois bombes placées là par les saboteurs. Il vous faut impérativement
les rendre inopérantes, en cisaillant ou en arrachant leur mèche.

Avant d'agir, déterminez votre parcours avec précision : si vous bousculez
l'un des marmitons, le chef entrera dans une colère terrible, et vous serez
contraint de quitter les cuisines avant d'avoir pu mener à bien votre mission.
Ce sera la fin de votre aventure, et vous devrez retourner page 6.

Si vous y parvenez, remontez ensuite sur le pont en longeant les coursives, page 30.

Vous pouvez également aller visiter les quatrième classe, page 34.

Lady et Lord Cunningham sont en grande conversation avec deux autres voyageurs,
Sir George et son épouse. En vous apercevant, ils vous invitent à les rejoindre :

– C'est amusant, vous confient-ils en souriant, nous venons de nous apercevoir
que nos chats étaient presque jumeaux !

Étudiez bien ce couple de félins, vous devriez parvenir
à leur trouver sept différences.

Avant de prendre congé, assurez-vous que les saboteurs n'ont rien laissé sur place.
Ensuite, il sera grand temps de vous rendre page 12.

Le commandant de bord est absent, et les matelots de quart
ont perdu connaissance !

Trouvez comment ils ont été plongés dans cet état, puis observez
bien le décor : les saboteurs sont passés par là, cela ne fait aucun
doute… Essayez de réparer ce qui peut l'être, puis lancez-vous
à la poursuite des malfaiteurs, que vous distinguez sur le pont.

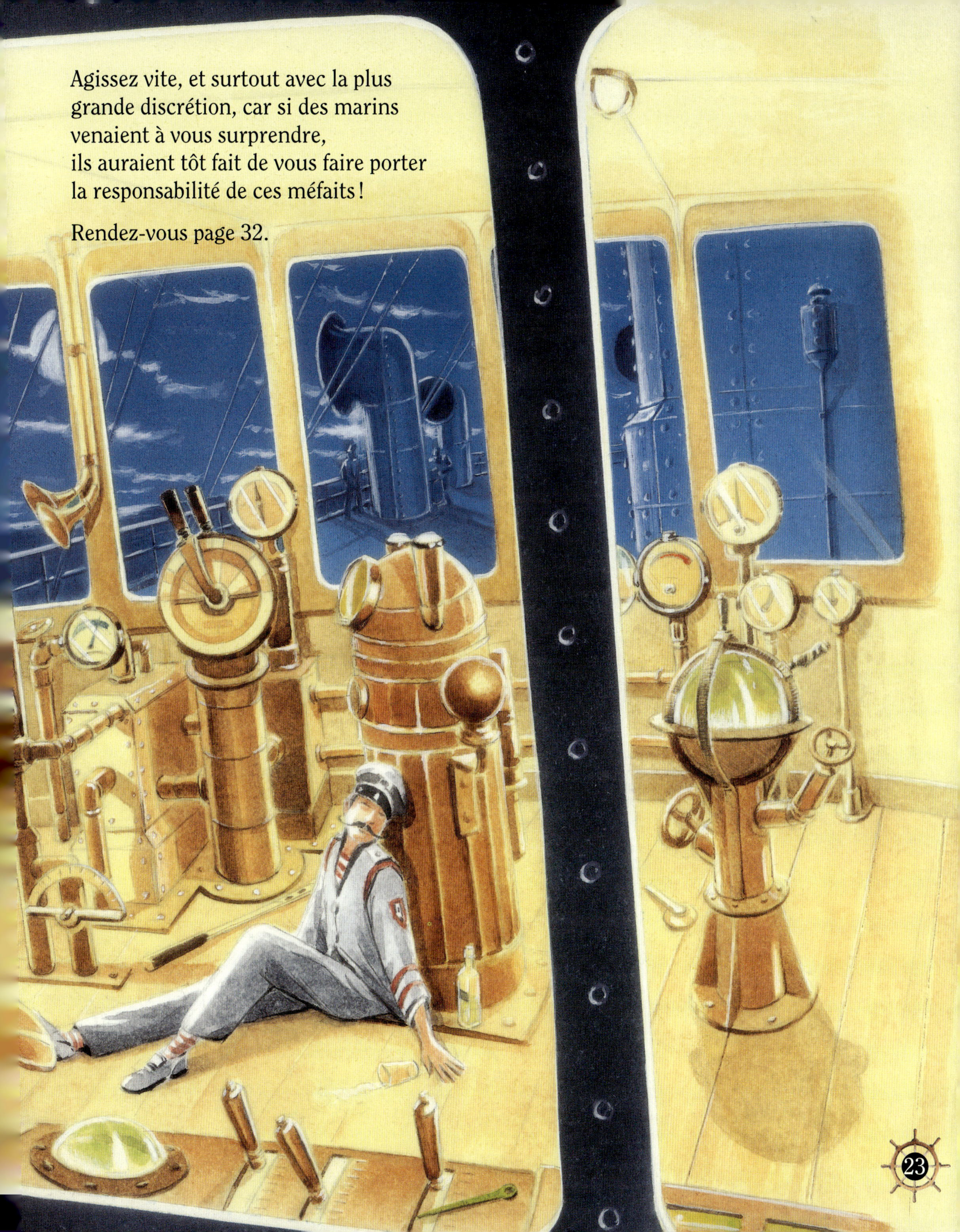

Agissez vite, et surtout avec la plus
grande discrétion, car si des marins
venaient à vous surprendre,
ils auraient tôt fait de vous faire porter
la responsabilité de ces méfaits !

Rendez-vous page 32.

Ces canots de sauvetage semblent
en parfait état, mais en y regardant de plus près,
vous devriez trouver certaines anomalies à corriger.

Vérifiez donc que chacun pourra jouer son rôle en cas de danger.

Au besoin, n'hésitez pas à modifier leurs équipements respectifs.

 Ensuite, il ne vous restera plus qu'à poursuivre le long du pont, jusqu'à la page 20.

Jamais vous n'auriez dû chercher à affronter une telle bande sans prendre davantage de précautions ! Un agresseur a surgi de l'ombre. Il vous étouffe et vous entraîne à l'écart.

Pour vous, c'est la fin.

Mais peut-être aurez-vous le temps de noter un détail précieux, avant de vous rendre page 6 pour commencer une nouvelle aventure ?

Voilà sans doute par où les saboteurs se sont enfuis
après avoir déposé leurs bombes.

Que faire, à présent ?

Si vous décidez de les poursuivre, laissez-vous descendre le long
de cette corde. Vous atteindrez ainsi la page 8.

Vous pouvez rebrousser chemin et rejoindre la salle de réception,
page 10, où vous apprendrez certainement quelque chose.

Surtout, prenez garde : vos adversaires ont pris leurs précautions.
Identifiez vite les deux dangers qui planent sur vous,
si vous ne voulez pas avoir à commencer une nouvelle aventure page 6 !

Vous n'avez pas eu le temps d'apercevoir le visage de ce passager qui disparaît déjà au détour d'un couloir. Cependant, dans sa précipitation, il a laissé tomber une lettre…

Peut-être n'est-ce qu'une missive personnelle, sans rapport avec votre enquête ? Mais lisez-la tout de même avec attention ; et si elle renfermait de précieux renseignements ?

Ensuite, vous avez le choix : vous êtes juste en face de la cabine occupée précédemment par les saboteurs. Vous pouvez donc vous y glisser et tenter d'y trouver des indices supplémentaires. Pour cela, rendez-vous page 40.

Peut-être serait-il préférable de demander de l'aide avant de vous lancer à la poursuite du mystérieux fuyard ? Dans ce cas, allez page 38.

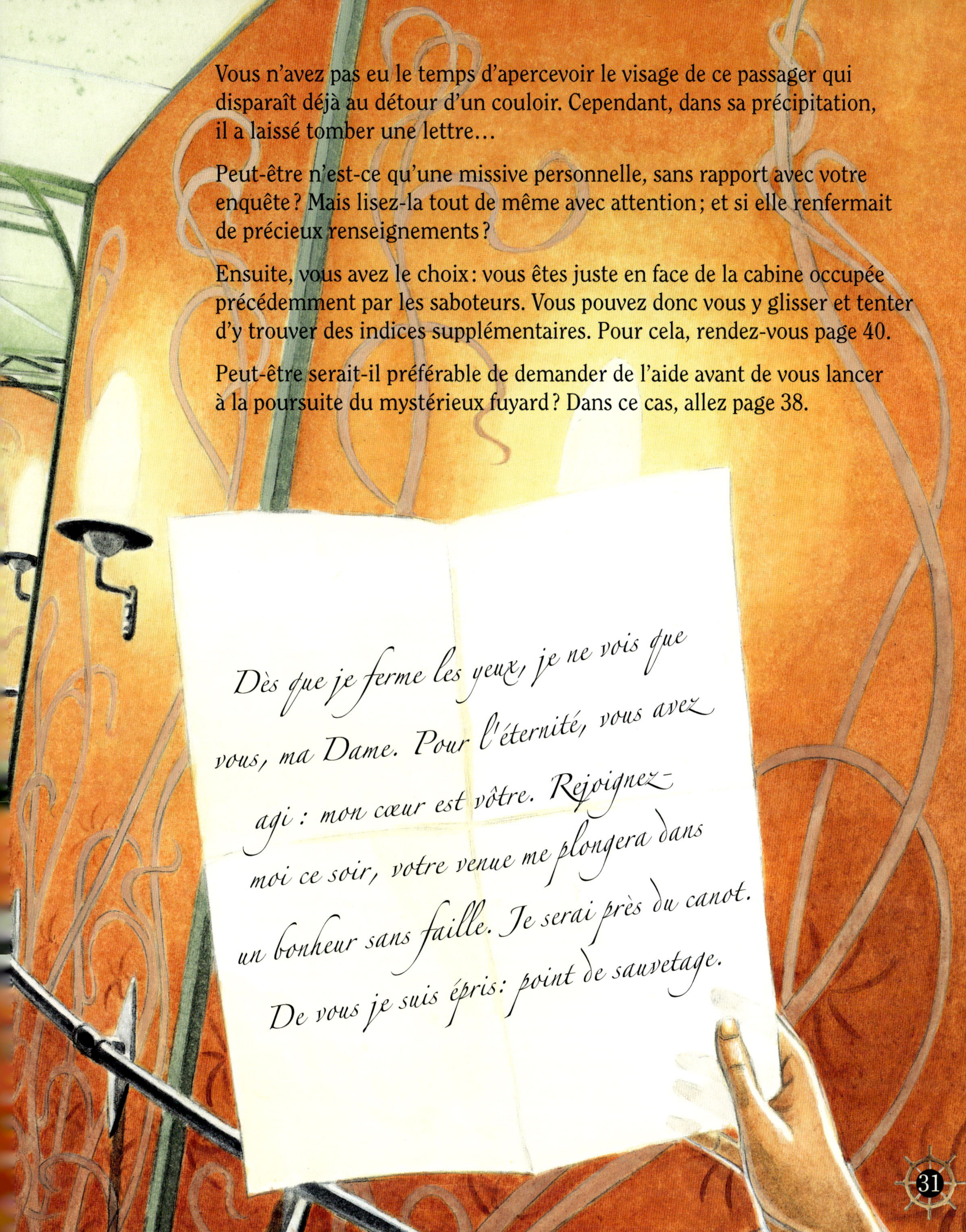

Par où les saboteurs ont-ils bien pu s'enfuir ?

Si vous pensez qu'ils ont rejoint un pont inférieur, filez sur leurs traces page 20.

Si vous préférez inspecter les environs, rendez-vous page 28.

Mais avant tout, il vous faut atteindre les quatre détonateurs et en détacher les câbles pour éviter la mise à feu des charges explosives. Surtout, agissez avec prudence ! Quelque chose vous dit que les saboteurs ont piégé les dalles pour se débarrasser d'éventuels gêneurs. En marchant sur certaines d'entre elles, vous risquez de déclencher les explosions. Observez bien le sol, vous devriez en déduire le parcours à suivre.

Les passagers de quatrième classe ne sont pas conviés à la réception. Ils improvisent pourtant une fête, afin de partager la liesse du départ. Ne vous laissez pas griser par les rythmes endiablés de la musique : amusez-vous à trouver tous les détails farfelus de la scène. Vous devriez en dénombrer douze…

Ensuite, accordez-vous un peu de répit, en esquissant quelques pas de danse avec vos joyeux compagnons.

Il ne vous restera plus alors qu'à remonter sur les ponts supérieurs, en passant par la coursive, page 30.

Hélas, ce n'était pas le moment de déranger
vos parents qui ne prêtent qu'une oreille distraite
à vos paroles :

– Oui, bien sûr, c'est très bien mon chéri ! a répondu votre mère quand
vous lui avez annoncé que des bandits s'apprêtaient à faire couler le navire.

Votre père, lui, ne vous répond pas mais vous demande de l'aide : dans la précipitation,
vos parents ont mélangé leurs affaires et ne parviennent plus à s'habiller. Aidez-les
à retrouver les éléments épars de leurs costumes, puis hâtez-vous de reprendre
votre enquête : le temps presse !

Quand vous aurez achevé votre tâche, il ne vous restera plus qu'à prévenir
le commandant du navire. Rejoignez au plus vite la page 16.

Le détective de bord ne badine pas avec la tranquillité des passagers. Vous auriez dû agir avec davantage de discrétion.

Le voilà qui vous entraîne vers la cabine de vos parents, bien décidé à leur demander des explications !

Pour vous, c'est la fin…

Mais peut-être trouverez-vous le moyen de le convaincre de votre bonne foi et de la nécessité de vos recherches ?

Si c'est le cas, il vous laissera commencer une nouvelle aventure page 6.

Fort heureusement, vous entrez dans une pièce vide de tout occupant. Les saboteurs ont quitté leur repaire depuis longtemps.

Rassemblez tous les indices que vous jugerez utiles pour votre enquête. Surtout, n'omettez aucun détail, aussi infime soit-il…

Quand cela sera fait, partez prévenir le commandant de bord qui réunira tous les suspects dans une des salles de réception.

Rendez-vous page 42.

Le commandant du navire a réuni tous les suspects dans le fumoir.
Vous le savez, les coupables sont ici. Il vous appartient de les démasquer !

Si vous avez mené une enquête sérieuse, vous avez sans doute trouvé assez de preuves pour confondre les saboteurs...

Mais avez-vous rassemblé assez d'indices pour vous prononcer ? Méfiez-vous, vous n'aurez pas de seconde chance : si vous vous trompez, on vous reprochera d'avoir troublé la tranquillité des voyageurs, et vos parents feront les frais de votre attitude désinvolte.

Avez-vous trouvé les détonateurs et les explosifs ?

Avez-vous déchiffré le message de la page 30 ?
Si c'est le cas, qui a commandité l'opération ?

Combien y a-t-il de malfaiteurs ?

Avez-vous deviné leur identité et leur rôle respectif ?

Savez-vous comment ils ont opéré ?

Si vous pensez avoir toutes les réponses, rendez-vous page 44…

Par contre, s'il vous manque un ou plusieurs éléments, mieux vaut
retourner page 6, commencer une nouvelle aventure et vous assurer
que, cette fois, vous tenez les coupables pour de bon.

43

Victoire ! Le détective de bord a enfermé tous les coupables à fond de cale.
Ils seront livrés aux autorités portuaires à votre arrivée en Amérique.
On vous a félicité pour votre courage et votre ténacité. Nul doute qu'à terre,
vous serez fêté comme un héros !

Mais le chemin est encore long jusqu'au Nouveau Monde…

Assurez-vous que, désormais, aucun danger ne menace
plus le navire, avant d'aller goûter un repos bien mérité
dans la somptueuse cabine que le commandant de bord
a mise à la disposition de vos parents…

Sir George et son épouse

Les trois employés de Lord Brown

Emmanuel

Les parents d'Emmanuel

Le détective de bord

Romualdo Lapidz et son assistante

Lady Cunningham

Lord Cunningham

Sir Andrew Thomson et son épouse

Lord Thomas Brown

Le commandant du navire